Pierre Lafenestre

La Farce du Médecin

*Comédie en un acte
représentée au Théâtre National de " l'Odéon "
le 15 Janvier 1905.*

Prix : 1 fr. 25

A. JOANIN et Cie, Éditeurs
PARIS, 24, RUE DE CONDÉ

1905

LA FARCE DU MÉDECIN

COMÉDIE EN UN ACTE EN VERS

Représentée pour la première fois au Théâtre National de l'Odéon, à Paris,
le 15 Janvier 1905.

A

Charlotte Duran

Rire et Jeunesse

Pierre LAFENESTRE

LA
FARCE DU MÉDECIN

COMÉDIE EN UN ACTE EN VERS

MAISON D'ÉDITIONS :

A. JOANIN & Cᵉ

24, Rue de Condé, 24 — PARIS (VIᵉ)

PERSONNAGES

Madeleine BÉJART ....   Mlle Charlotte Duran

MOLIÈRE............, ...   MM. Émile Violet

Georges PINEL, maître écrivain .   Liser

Jean POQUELIN, père de Molière.   Godeau

La scène se passe à Paris
dans la maison de Jean Poquelin
en Juin 1643.

LA FARCE DU MÉDECIN

A droite et à gauche portes. Au fond, une fenêtre donnant sur la rue.

Au fond, à gauche, une grande tapisserie court le long de la muraille. Une chaise longue. Table de travail surchargée de livres ; chaises, fauteuils, etc.

SCÈNE I

MOLIÈRE, MADELEINE BÉJART

Molière lit et prend des notes. Madeleine entre doucement et lui met la main sur l'épaule

MADELEINE

Toujours le front penché sur quelqu'un de vos livres !

MOLIÈRE, *se relevant en sursaut, joyeusement.*

Ah ! Madeleine ! Eh bien ?

MADELEINE

Il nous faut mille livres !

MOLIÈRE

Mille livres ! Pardieu, qui va nous les bailler ?

MADELEINE

Messire Jean ?

MOLIÈRE

Mon père ?

MADELEINE

Oui.

MOLIÈRE

Vous voulez railler !
Écorchez le tout vif ou faites encor pire ;
Mais ne vous avisez jamais de rien lui dire
— Quoi que ce soit — touchant l'état de comédien.
Et surtout, en argent, ne lui demandez rien.

MADELEINE

Oh !

MOLIÈRE

Rien, car il a pris pour devise un proverbe :
« Qui prête son argent mange son bled en herbe. »

MADELEINE

Pourtant il nous les faut ces deux cents beaux écus.
(*Elle tire des papiers de son corsage.*)
J'ai les papiers sur moi, le bail et les reçus ;
Il ne manque à présent plus que les signatures !

MOLIÈRE

. Montrez ! Montrez ! (*Lisant*) « Nous soussignés etc.
etc., déclarons avoir loué à partir du 1er juillet 1643,

pour la somme de mille livres par an, au sieur Jean-
Baptiste Poquelin dit de Molière et à demoiselle Madeleine Béjart, la salle du jeu de paume des Métayers
proche la porte de Nesle, pour y aménager une salle
de spectacle dite de « l'Illustre Théâtre. » (*Il reste silen-
cieux un instant.*)

MADELEINE

Eh bien, que dites vous ?

MOLIÈRE

Je dis que ce grimoire
C'est tout notre avenir de luttes et de gloire !
C'est le commencement de nos rudes travaux !
Ah ! travailler, lutter, obscurcir ses rivaux !
Répandre sur la foule accourue, infinie,
Ses larmes, ses éclats de rire, son génie !
Ou bien, simple interprête, homme unique et divers,
Dans l'ivresse éclatante et troublante des vers
Dont le rythme charmeur enchante notre oreille,
Se croire devenu don Rodrigue ou Corneille !

MADELEINE, *après une pause.*

Et l'argent ?

MOLIÈRE

C'est vrai ! c'est du rêve tout cela !
La réalité triste et plate la voilà :
Mille livres par an ! Milles livres !

MADELEINE

Que faire ?

MOLIÈRE

J'enrage !

MADELEINE

Et c'est pourtant une très belle affaire !

MOLIÈRE *se promène un instant de long en large, en mettant les papiers dans sa poche, puis*

Oh ! Madeleine, vous qui, tout sot que je fus,
M'avez fait deviner mes sentiments confus ;
Vous qui m'avez montré quelle route il faut prendre ;
Vous seule en qui j'espère encore pour m'apprendre
Ce que je ne sais pas de l'art du comédien,
Vous, la Muse, c'est vous qui ne trouvez plus rien ?

MADELEINE

Comment ?

MOLIÈRE

J'ai mon idée. Ecoutez, je vous prie.
Vous connaissez ce drôle, empli de fourberie,
Que l'on nomme Pinel ?

MADELEINE

Oui, le maître écrivain ;
Maître Georges Pinel, animal assez vain
Qui, s'il était un paon, aurait passé sa vie
A faire la roue ?

MOLIÈRE

Oui.

MADELEINE

Pédant de comédie !

MOLIÈRE

C'est cela. Vous savez ou vous ne savez point
Que mon père est toqué de l'homme au dernier point.
Il me l'avait donné, mon droit fini, pour maître
D'écriture. Cela vous étonne peut-être ?
N'importe ! Mais il s'est pris d'amour pour moi !

MADELEINE

Vrai ?

MOLIÈRE

Un jour, pour un besoin que je vous conterai,
Il voulut de l'argent. Croiriez-vous que mon père
Lui prêta cent écus, lui, si dur à refaire !
Le tour fut bien joué. Notre maraud, un soir,
Vient ici, s'arrachant les poils de désespoir,
Criant à se briser les poumons et la rate:
« Votre fils est perdu ! Votre fils ! Un pirate
« Vient de m'enlever Jean jusque dans ma maison.
« Il exige, monsieur, cent écus pour rançon ! »
Il fait tant qu'il convainc de son récit mon père
Qui n'a jamais trouvé le fin fond de l'affaire.
Je n'ai pas vendu la mèche, réfléchissant
Que je pourrais user de l'homme un jour pressant.
Or, ce jour est venu. Je vais attendre l'homme,
Il inventera bien quelque bon tour. En somme
Service pour service. Il me doit bien cela,
Et...

(Voix de Poquelin dans la coulisse.)
Maraud ! Triple sot !

MADELEINE, *effrayée et comique.*

Ah ! votre père est là !

MOLIÈRE

Contre qui sa colère est-elle dirigée ?

VOIX DE POQUELIN

Chenapan, garnement !

MOLIÈRE, *très calme.*

Elle est à l'apogée.
Cachez-vous. Si jamais il vous trouvait céans !

VOIX DE POQUELIN

Faquin !

MADELEINE

Où ?

MOLIÈRE *la cache derrière la tapisserie.*

Là.

VOIX DE POQUELIN

Butor ! Dernier des mécréants !

VOIX DE PINEL

Monsieur, Monsieur, Monsieur !

MOLIÈRE

Tiens la voix du bonhomme
Pinel.

VOIX DE PINEL

Calmez-vous !

VOIX DE POQUELIN

Viens ici que je t'assomme !

MADELEINE, *sortant la tête de la tapisserie.*

Brrr !

MOLIÈRE

Contre qui s'est-il mis en pareil émoi ?

VOIX DE POQUELIN

Vaurien ! Mauvais fils !

MOLIÈRE, *très calme, souriant.*

Ce n'est que contre moi.

SCÈNE II

MOLIÈRE, POQUELIN, PINEL
MADELEINE, *cachée.*

POQUELIN, *ouvrant brusquement la porte,
des papiers à la main.*

Pendard !

MOLIÈRE

Holà mon père !

POQUELIN

Idiot ! Triple brute !

PINEL

Modérez-vous, Monsieur !

MOLIÈRE

Qu'est-ce qui vous rebute ?

POQUELIN

Dis-moi que signifie un papier que voilà ?

MOLIÈRE, à part.

Ciel ! Le Bail !

POQUELIN, lisant.

« Nous soussignés, etc., etc., déclarons avoir loué
« à partir du 1er Juillet 1643, pour la somme de mille
« livres par an au sieur Jean Baptiste Poquelin dit de
« Molière et à demoiselle Madeleine Béjart, la salle
« du Jeu de paume des Métayers, proche la porte de
« Nesle, pour y aménager une salle de spectacle dite
« de " l'Illustre Théâtre "».

Diras-tu ce que c'est que cela,
Monsieur Jean Poquelin dit Monsieur de Molière ?

MOLIÈRE

C'est un projet de bail, je n'y vois pas, mon père,
Un sujet de courroux.

POQUELIN

Quelle audace, pendart !
Ah ! si je vois jamais Madeleine Béjart,

(A son nom, Madeleine sort la tête de la tapisserie.)

Je lui romprai les os des bras et les oreilles !
> (*Madeleine ne peut s'empêcher de faire entendre
> un éclat de rire en cachant vivement sa tête.*)

Je n'ai jamais ouï d'impudences pareilles !
Tu ris ?

MOLIÈRE

Je n'ai point ri.

POQUELIN

Tu viens de rire !

MOLIÈRE

Non.

POQUELIN

C'est trop fort ! Non content de salir notre nom,
Tu m'oses railler !

MOLIÈRE

Moi, mon père ?

POQUELIN

Oui, toi.

MOLIÈRE

Je jure...

POQUELIN

Ne jure rien. C'est trop déjà d'une imposture.
Ecoute-moi. Je vais pour la dernière fois
Parler raison. Je suis plus calme.

MOLIÈRE

Je le vois.

POQUELIN

Eh bien ! Je te défends d'avoir commerce encore
Avec cette Béjart, misérable pécore
Dont les conseils...

> *(Même jeu de scène pour Madeleine ; à son nom
> elle sort et rentre la tête.)*

MOLIÈRE

Monsieur, Madeleine Béjart

Est une honnête fille !

POQUELIN

Il la défend !

MOLIÈRE

Son art

M'agrée, et je voudrais, monsieur...

POQUELIN

Ma patience

Est à bout. Tu n'as pas la moindre conscience.
Moi, fils de Poquelin, tapissier et porteur
De grains, honorable homme, aurais mon fils acteur !
Toi, fils d'un tapissier du Roy, valet de chambre !
Tu jouerais sur les ponts de Janvier à Décembre,
Turlupin ! Scaramouche ! Et c'est pour tout cela
Que je t'ai fait donner le titre d'avocat,
Que tu suivis les cours du plus célèbre maître
D'écriture !

> *(Pinel fait des gestes grotesques de modestie.)*

Ah ! maudit le jour qui t'a vu naître,

Et surtout ces Béjart qui causent tout le mal !
Diras-tu le contraire, espèce d'animal ?

MOLIÈRE

Mon père !

POQUELIN, *tirant sa montre.*

Assez ! tais-toi ! je ne veux rien entendre.
Je m'en vais de ce pas chez mon fabricant rendre
Quelques meubles. Je vais venir céans tantôt.
Je te laisse Pinel pour te convaincre, sot !

MOLIÈRE

Mon père, encore un mot ?

POQUELIN

Non, pas un mot te dis-je.
Adieu. Pinel, soyez éloquent.

*(Il sort. Pinel l'accompagne sur le seuil ; on les
entend causer un instant.)*

MOLIÈRE

Quel prodige !
Comment diable a-t-il eu le double de ce bail ?

MADELEINE, *sortant la tête.*

Psst !!

MOLIÈRE

Pschutt !!

MADELEINE

J'étouffe.

MOLIÈRE

Eh bien ! prenez cet éventail !
(*Il lui tend une feuille de papier.*)
C'est l'instant de tenter notre dernière chance,
Ah ! mon petit Pinel, on va rire...
(*A Madeleine.*)
Silence !

SCÈNE III

MOLIÈRE, PINEL, MADELEINE *cachée.*

PINEL, *rentrant.*

Ecoutez, mon ami, la voix de la raison.
Parbleu, je ne veux pas vous faire une oraison ;
Mais cependant je dois...

MOLIÈRE

La cause est entendue ;
Je vous déclare net que vous l'avez perdue.

PINEL

Cependant !...

MOLIÈRE

Cependant, je n'écouterai rien
Et persiste à vouloir devenir comédien.

PINEL

Mais...

MOLIÈRE

Mais .. Cela suffit. J'achève ma pensée :
Mon père traite en vain — oui — de billevesée
Ce qui pour moi me semble être un très bon parti ;
Et je suis sûr que vous, un docte, un érudit,
Bref, un homme estimé d'une façon notoire,
Vous prisez grandement ce qu'on nomme la gloire ;
Que vous, que nous comptons parmi nos beaux esprits,
Vous estimez les gens qui, par tous leurs écrits,
S'efforcent d'attraper au vol cette fumée
Que dégage toujours un peu la renommée !

PINEL

Mais je...

MOLIÈRE

Ne dites rien, vous m'approuvez au fond,
Puisque vous êtes un homme docte et profond,
De chercher une voie où je puisse prétendre
A la gloire comme à l'argent. Il faut s'entendre
Sur les mots, voilà tout. Mon père crie en vain ;
Je n'ai jamais voulu jouer le turlupin.
Ce que je veux, mon maître, est chose bien plus haute
Que mon père regarde à tort comme une faute.
Ce que je veux, avec l'orgueil de mes vingt ans,
Ce que je veux, Monsieur, c'est être, en même temps,
Celui qui crée esprit, âme, cœur, personnage,
Le lâche ou le héros, le bouffon ou le sage,
La parole et le geste ; être tout à la fois,
Que je fasse parler les abus ou les droits,
Artisan d'une vive et factice nature,

Le créateur ensemble avec la créature !
Voilà ce que je veux ! Il ne me suffit pas
D'écrire pour jouir de mon succès d'en bas,
Modeste spectateur debout dans le parterre !
La gloire il me la faut, mon maître, tout entière !
Là dessus, j'en croirai Madeleine Béjart !

PINEL

Celle-là, mon ami, même avec tout son art,
Ne vaut ni plus ni moins que toutes ses pareilles !

MOLIÈRE, *riant.*

Prenez garde, les murs ont parfois des oreilles !

MADELEINE. *se précipitant sur Pinel.*

Insolent !

PINEL, *effaré.*

D'où sort·elle !

MOLIÈRE

Allons, rassurez-vous !

MADELEINE

Venez me demander pardon à deux genoux !
(*Pinel hésite.*)
Prenez garde ! Je sens que ma colère éclate.
(*Il s'agenouille, câlinement elle lui tire l'oreille.*)
Là, là, racontez-moi l'histoire du pirate.

PINEL

Le pirate ! Hein ! Plaît-il ?

MADELEINE

Celui des cent écus.

PINEL

Ah ! vous savez ?

MADELEINE

Je sais.

PINEL

Je ne m'en souviens plus.

MADELEINE

Je vais la demander tout à l'heure à son père.

PINEL

Voilà. J'avais besoin d'argent pour une affaire...

MADELEINE

C'est bien, vous avouez. L'histoire importe peu
Et je vous en tiens quitte.

PINEL *se relève*.

Ah !

MADELEINE

A genoux, morbleu !
Vous aller répéter mot par mot, mes paroles.
Jean-Baptiste a besoin... allons...
        (*Pinel répète.*)
                De cent pistoles !

PINEL

Mille livres! Seigneur!

MOLIÈRE

   Mon père a dans la main
Certain papier qu'il faut payer avant demain ;
Sinon tout est manqué. Vous l'avez vu, mon maître,
Il nous l'a lu tout haut.

PINEL

   Je m'en souviens.

MOLIÈRE

       Peut-être...

MADELEINE, *l'interrompant.*

Sûrement vous pouvez nous tirer de ce pas.

PINEL

Moi ?

MADELEINE

 Vous! Nous connaissons votre esprit. En tout cas
L'histoire du pirate est une bonne marque
De votre invention.

PINEL

   J'en aime la remarque.

MADELEINE

Cherchez, trouvez le joint, sinon!

PINEL

     Je cherche en vain.

MADELEINE

Aujourd'hui je dis tout à Monsieur Poquelin.
Je vous préviens, mon maître, en toute conscience.
Maintenant appelez à vous votre science.
N'avez-vous rien trouvé ?

PINEL

Si fait.

MOLIÈRE

Il a trouvé.

MADELEINE

C'est bien, relevez-vous.

MOLIÈRE

Alors tout est sauvé !

PINEL

A nous la médecine ! A nous les honoraires !
A moi l'habit ! à vous les maux imaginaires !
Vous allez simuler quelque grand mal.

MOLIÈRE

J'y suis.

PINEL

Par exemple à la jambe.

MOLIÈRE, *simulant.*

Aïe, je meurs !

PINEL

Je poursuis.

Je m'en vais de ce pas, dans notre voisinage
Trouver l'accoutrement et changer de visage,
La consultation vaudra deux cents écus.

MOLIÈRE

Le temps presse ! Courez !

MADELEINE

> Nous paierons nos reçus !

PINEL

J'y cours ! Puis, à l'abri d'une porte cochère,
J'attendrai le retour de monsieur votre père
Pour monter après lui.

MADELEINE

> Voilà notre sauveur !

Vive Pinel !

PINEL, *galant.*

> Je vous baise les mains, mon cœur !

SCÈNE IV

MOLIÈRE, MADELEINE.

MOLIÈRE, *simulant.*

Aïe, aïe, hélas, je meurs !

MADELEINE

> Permettez que je rie !

MOLIÈRE

Allez-vous vous cacher sous la tapisserie ?

MADELEINE

Pourquoi pas ? Il fait chaud ! Mais je veux m'amuser !

MOLIÈRE

Ne vous semble-t-il pas que c'est trop abuser
De la crédulité paternelle ?

MADELEINE

Sans doute...
Tant pis pour lui !

MOLIÈRE

Pourtant écoutez-moi.

MADELEINE

J'écoute.

MOLIÈRE

Lorsqu'il aura craché l'argent je dirai tout.

MADELEINE

Je suis de votre avis quoiqu'il soit un peu fou,
Car s'il prend mal la chose ?

MOLIÈRE

Il est bon.

MADELEINE

Je l'espère !

MOLIÈRE

Il nous pardonnera.

MADELEINE

Cela se peut.

MOLIÈRE

                     Mon père
N'a jamais de rancune.

MADELEINE

           Oui cela vaudra mieux,
Après le coup, vous lui dessillerez les yeux ;
Car il faut au début de votre œuvre, ô poète,
Une œuvre bonne et non une œuvre malhonnête.
Mais silence, j'entends son pas dans l'escalier,
Couchez-vous. Plus un mot. Commencez de crier.

(Elle se cache.)

SCÈNE V

MOLIÈRE, POQUELIN, MADELEINE, *cachée.*

MOLIÈRE, *étendu sur le canapé.*

Hélas ! Hélas ! Je meurs de douleur !

POQUELIN

                 Ciel ! qu'entends-je ?

MOLIÈRE

Oh ! mon père je meurs. C'est le ciel qui se venge
Car vous m'avez maudit !

POQUELIN

Oublions tout cela.
Qu'as-tu mon pauvre enfant ? Où souffres-tu ?

MOLIÈRE

Là, là !

A la jambe. Je suis tombé comme une masse
J'ai crié. Le voisin est accouru d'en face :
Il cherche un médecin qu'il connaît près d'ici.
Oh ! que j'ai mal, hélas !

POQUELIN

Sans doute le voici ;
J'entends quelqu'un monter.

MOLIÈRE

Ah ! je souffre, mon père !

SCÈNE VI

MOLIÈRE, *couché ;* POQUELIN ; PINEL, *en médecin*
MADELEINE, *cachée.*

PINEL

L'on réclame céans mon petit ministère ?

POQUELIN

Ah ! vous voici Monsieur. Merci d'être venu
Monsieur...

PINEL

Lepin, je n'ai pas l'heur d'être connu
De vous, Monsieur, je suis à Paris de passage.

POQUELIN, *à part.*

Il me semble pourtant connaître ce visage.

PINEL

Voyons notre malade.

MOLIÈRE

Aïe ! Aïe !

PINEL, *docte.*

Il souffre fort ?

POQUELIN, *à part.*

Il ressemble à Pinel dès le premier abord.

PINEL

Où souffrez-vous ?

MOLIÈRE

Là !

POQUELIN, *à part.*

Mais le maître d'écriture,
En y regardant bien, est d'une autre stature
(*Pinel se redresse.*)

Celui-ci me paraît plus grand,
(Pinel se penche de nouveau.)
Non plus petit.
Plus petit ou plus grand ?

PINEL

Perdiez-vous l'appétit ?

MOLIÈRE

Je crois qu'oui Monsieur, aïe ! aïe ! Oui.

PINEL

Le cas est grave,

POQUELIN

Grave ?

PINEL

Oui Monsieur. Pourtant,
(A Molière.)
Jeune homme, êtes-vous brave ?

MOLIÈRE

Cela dépend, Monsieur s'il faut souffrir ou non.

PINEL, *docte.*

Vous vous êtes foulé, luxé le grand tendon,
Celui qu'Hippocrate nommait tendon d'Achille,
In libro de morbo pedestri !

POQUELIN

L'homme habile !

PINEL

Le grand savant s'exprime ainsi chapitre dix :
Pedibus luxatis oportet claudandis.
Ce qui veut dire en bon français que le jeune homme
Boîtera.

POQUELIN

Boîtera !

PINEL

Le médecin grec nomme
Cet accident, en son grand ouvrage immortel,
Deambulare se pedibus non semel.

POQUELIN

Vous savez tout par cœur !

PINEL

Et même davantage !
Je pourrais vous citer n'importe quel passage
D'Hébreu, de Turc, de Grec, de Latin, de Chinois,
D'Arabe, d'Allemand, ou de Carthaginois ;
A moins, en vérité, cher Monsieur, que je susse
Que vous préférez à toute langue, le Russe.
Or, dans le cas présent, je vous dirai d'abord
Que tous les médecins sur ce point sont d'accord,
Que selon le loyer, la guérison varie.
Elle est entière ou non. Suivez bien, je vous prie,
Tout mon raisonnement. Le mal dont votre fils
Souffre, verum enim vero philosophis,
Provient comme l'on dit en grec, des diastoles
Et veut, pour se guérir, au moins deux cents pistoles

POQUELIN

Ouais !

PINEL

Hippocrates même a fixé ce taux là
Dans le chapitre 3 des medicamenta.

POQUELIN

Ouais ! Quatre cents écus ! Y songez-vous ?

PINEL
De grâce,

Ecoutez-moi. Le mal ne laisse point de trace
Pour ce prix là.

MOLIÈRE, *bas à Pinel.*

Maudit pendard, tous nos reçus
Montent, vous le savez, juste à deux cents écus,
Vous abusez.

PINEL

Monsieur, pour votre seigneurie,
Par accommodement, croyez-le, je vous prie.
Je consens à cinquante écus.

MOLIÈRE, *bas.*
Etes-vous fou ?

PINEL

Votre fils boîtera d'un seul pied, voilà tout.
Pour moins cher, des deux pieds !

POQUELIN
Monsieur !

3

PINEL

                                     La médecine
A parlé par ma bouche.

POQUELIN

                     Hélas, on m'assassine !
Mon fils est condamné pour toujours à boîter
Des deux pieds.

PINEL

            Quoi, Monsieur ?

POQUELIN

                          Vous voudriez m'ôter
Le pain de la bouche.

MOLIÈRE, *redouble ses cris.*

       Aïe !

PINEL

                  Eh, voyez comme il pleure
Voudriez-vous Monsieur, que de douleur il meure ?
Qu'est-ce que quatre cents écus dans l'infini !

POQUELIN

Mais c'est beaucoup Monsieur !

         (*Molière redouble ses cris.*)

PINEL

                      Ayez pitié de lui !
D'autant plus que ce mal est un mal atavique
Et votre petit-fils sera paralytique !

POQUELIN, *réfléchissant.*

D'un seul pied ou des deux ? Tant pis vous n'aurez rien.

MOLIÈRE

Ah ! pour deux cents écus je sens que j'irais bien !

POQUELIN

Deux cents écus ! Deux cents écus !

MOLIÈRE

Eh bien ! mon père,

Prenez-les sur la part qui revient de ma mère.

POQUELIN

Tiens, je n'y songeais pas ?

MOLIÈRE

Faites-le.

POQUELIN

Soit ! pour vous

Je consens à cela.

MOLIÈRE, *sautant aux genoux de son père.*

Je baise vos genoux,

Mon père ! Mon bon père !

POQUELIN

Il est guéri !... Peut-être

N'avons-nous plus besoin du remède, mon maître ?

PINEL

Comment ?

POQUELIN

Vous le voyez, il saute comme un daim.

PINEL, *faisant des signes cabalistiques.*

Prenez garde, le mal peut revenir soudain.

MOLIÈRE *se laisse tomber en poussant des cris.*

Aïe ! Aïe ! Hélas !

PINEL

Déjà Monsieur change de mine :
Il ne faut jamais rire avec la médecine.

POQUELIN

C'est vrai. Pardonnez-moi, Monsieur le médecin.
Je cours chercher l'argent. Je cours.

(*Il sort en trébuchant.*)

PINEL

Enfin !

MOLIÈRE

Enfin !

PINEL

Nous avons eu du mal ! Ai-je tenu mon rôle ?

MADELEINE, *sortant la tête.*

Fort bien, oui vous avez été du dernier drôle.

PINEL

J'ai de petits talents.

MADELEINE, *riant.*

Ah ! si nous l'osions
Mon cher Monsieur Pinel, nous vous engagerions.
Il manque un médecin à notre Compagnie.

PINEL

Vrai, vous feriez cela ?

MADELEINE

Pourquoi pas, je vous prie ?

PINEL

Eh bien, tope !

MOLIÈRE

Non, vous !

PINEL

Vous m'avez convaincu.
Je me sens né pédant, médecin ou cocu.
J'eus toujours des désirs démesurés de gloire.
J'ai le verbe facile et j'ai bonne mémoire,
Tout ce qu'il faut.

MADELEINE

C'est vrai.

MOLIÈRE

Pschutt ! Voici les papiers !
Prenez l'argent, courez salle des Métayers.
Demain...

POQUELIN, *rentrant.*

Voici l'argent qu'Hippocrates demande.

PINEL

Je n'attendais pas moins d'une bonté si grande :
Votre fils est guéri.

(Il fait des signes cabalistiques.)

Relevez-vous. Casus,
Le cas, gravis est grave, at doctus medicus
Le docte médecin, existimat, assure
Id morbum levari, la guérison est sûre.
Ainsi dit en arabe un excellent auteur.

POQUELIN

En arabe !

PINEL

Je suis votre humble serviteur.

SCÈNE VII

MOLIÈRE, POQUELIN, MADELEINE, *cachée.*

MOLIÈRE, *à part.*

Le moment est venu de dorer la pilule.

POQUELIN

Eh bien ?

MOLIÈRE, *à part.*

Quand l'heure va sonner à la pendule,
Je parlerai.

POQUELIN

Réponds.

MOLIÈRE

Hum ! Hum ! Je me sens mieux.

(*A part.*)

Comme j'accepterais quelques secours des cieux !

POQUELIN

Cet homme quoique un peu cher me paraît habile.

MOLIÈRE, *convaincu.*

Très habile.

(*L'heure sonne.*)

Il est temps. Ouais, c'est plus difficile
Que je ne le croyais.

POQUELIN

Tu parais abattu.

MOLIÈRE

Non point.

(*A part*).

Hélas ! Craignant plutôt d'être battu !
Mon père, je voudrais... hum, je voudrais vous dire...

(*Madeleine fait entendre un éclat de rire.*)

POQUELIN

J'ai la berlue ou bien je viens d'entendre rire.
Tu n'as pas entendu ?

MOLIÈRE

Non.

POQUELIN

J'ai bien entendu.

MOLIÈRE, *à part.*

J'aimerais mieux peut-être encore être pendu.
Que va-t-il se passer !

> *(Pendant ce temps, Poquelin est allé à la tapis-*
> *serie et ramène brusquement Madeleine moitié*
> *rieuse, moitié tremblante.)*

POQUELIN, *la secouant.*

Je l'avais dit.

MOLIÈRE, *se précipitant.*

           Mon père,
Ne faites que sur moi tomber votre colère.
Vous me voyez, Monsieur, repentant devant vous.
Sans elle, nous avons comploté... car c'est nous...

POQUELIN

Qui, nous ?

MOLIÈRE

Tinel et moi.

POQUELIN

     Comment ?

MOLIÈRE

           Oui, c'est mon maître
Et moi qui...

POQUELIN

Mais alors le médecin ?... le traître !
Un homme en qui j'avais confiance ! Pendard,
Je te chasse si tu ne dis tout sans retard.

MOLIÈRE

Oui, je vous dirai tout, Monsieur, je vous le jure ;
Je vous aurais déjà conté notre imposture
Si je n'avais pas craint d'abord votre courroux.
Oui, oui, le médecin qui vint tantôt chez nous,
C'était Pinel. Le mal était imaginaire
Comme le médecin. Pardonnez-moi mon père.
Vous-même le savez, pour payer ces reçus
Que j'ai tantôt, mon père, en vos mains aperçus,
Il fallait cet argent !

POQUELIN

Encor l'extravagance !
Tu dépenses en vain un torrent d'éloquence.
Je vous ferai conduire en prison tous les trois.
J'ignore le latin, mais je connais mes droits.

MOLIÈRE

Non, vous ne ferez pas cela mon père. En somme
Vous voulez vous montrer un rude et méchant homme
Et vous êtes très bon. Qui le sait mieux que moi ?
Oui, vous pourriez user des rigueur de la loi,
Vous ne le ferez pas, car si je fus coupable
Vous, vous êtes mon père, un père vénérable
Que j'honore...

MADELEINE

Que nous honorons. Laissez-nous
Espérer ; vous voyez, j'embrasse vos genoux.

POQUELIN

Non ! Non !

(*A part.*)
Elle est charmante !

MADELEINE

Allons Monsieur !

MOLIÈRE

Mon père !

MADELEINE ET MOLIÈRE

Daignez tout oublier en cette triste affaire.

MOLIÈRE

D'ailleurs je vous promets que si d'ici deux ans
Je n'ai pas réussi, je reviendrai céans ;
Et vous ferez de moi, dans cette conjoncture,
Tout ce qu'il vous plaira.

MADELEINE

Monsieur !

MOLIÈRE

Je vous le jure.

MADELEINE

Oui, laissez-lui tenter la chance ; je le voi,

Vos regards sont déjà moins sévères pour moi.
Ah ! laissez-vous toucher, Monsieur !

POQUELIN, à part.

La fine mouche
Elle n'a pas menti. C'est vrai qu'elle me touche.
    (Haut.)
Non ! Non !

MADELEINE

Pardonnez-nous.

POQUELIN

Non ! Non !

MADELEINE

Déjà ce mot
Impitoyable et dur, vous le dites moins haut.

MOLIÈRE

Oui mon père.

MADELEINE

Oui, Monsieur, faites-lui grâce entière !

POQUELIN

Eh bien soit, j'y consens, Monsieur de... de Molière.
Allons viens m'embrasser !

MADELEINE

Et moi ?

POQUELIN

Vous... vous aussi !

MADELEINE

Oh ! Monsieur, je vous aime !

POQUELIN, *l'embrassant de nouveau.*

Ah ! friponne !

MADELEINE

Merci.

(On frappe à la porte.)

POQUELIN

Entrez.

SCÈNE VIII

LES MÊMES, PINEL.

MADELEINE ET MOLIÈRE

Pinel !

POQUELIN

Comment dites-vous, mon cher maître,
En chinois : Je vais vous jeter par la fenêtre ?

PINEL

Cela ne se dit pas.

POQUELIN

Ah maraud ! Et cela
Non plus, même en arabe ?

(Il lui donne un coup de pied au derrière.)

MOLIÈRE

Hola ! mon père, hola !
Gardez-vous d'entamer la corpulente croupe
De l'unique savant que compte notre troupe.

POQUELIN

Hein ?

MADELEINE

Oui, Monsieur Pinel est par nous engagé.

POQUELIN

Comment jusqu'à Pinel ! Vous êtes enragé,
Vous aussi ?...

PINEL

Non Monsieur, mais je prise la gloire.

POQUELIN

Ils sont tous fous !

MADELEINE

Peut-être !

POQUELIN

Elle est bonne l'histoire,
J'en serais diverti, si je n'étais joué !

MOLIÈRE

Mais tout est bien qui finit bien.

MADELEINE

Dieu soit loué !

RIDEAU

Fontenay-aux-Roses (Seine). — Imp. Louis Bellenand.

A. JOANIN et Cie, Éditeurs

EDITION JOANIN

J.-H. Rosny. — LES FIANÇAILLES D'YVONNE, roman orné de 4 compositions inédites de Paul Steck..................;...................... 3.50

Maurice Vaucaire. — LE MASQUE DE SABLE (Histoire véritable du Grand Sphinx), couverture illustrée... 3.50

Paul Ginisty. — VERS LA BONTÉ, nouvelles, 1 vol. orné de 4 hors texte inédits de Paul Steck... 3.50

Jérôme Doucet. — LES CONTES DE HAUTE-LISSE ET DE LA FILEUSE, avec 113 illustrations de Alfred Garth Jones.................... .... 3.50

Georges Mitchell. — L'ABSENT, pièce en 4 actes.. 3 »

Victor Léon et Maurice Vaucaire. — LA FAMILLE MULLER, pièce en 4 actes.................. 2.50

Serge Basset. — LA FAUTE, comédie en 1 acte... 1 »

Serge Basset. — POSTE RESTANTE, comédie en 1 acte............................. .... 1 »

Paul Dugas. — UNE AUDIENCE, comédie en 1 acte. 1 »

Pierre Lafenestre et Léo Debrey. — L'INTÉRIMAIRE, comédie en 1 acte...................... .... 1.25

Eugène Berteaux. — LES RELIQUES, comédie en 1 acte.............................. 1 »

Louis Sonolet. — L'AME DU PASSÉ, pièce en 1 acte, en vers............................... 1.25

Ludovic de Francmesnil. — LE GRILLON, comédie en 3 actes.............................. 3 »

Marcel Schwob et Gabriel Pierné. — LA CROISADE DES ENFANTS, légende musicale.......... 0 50

Fontenay-aux-Roses (Seine). — Imp. L. Bellenand